(425ᵉ)

CATALOGUE

—

DESSINS ANCIENS

ET

ESTAMPES

ARCHITECTURE, ORNEMENTS

Décorations théâtrales

ÉCOLES ANCIENNES, XVIIIᵉ SIÈCLE ET MODERNES

SUJETS HISTORIQUES, PORTRAITS

Livres à figures, etc.

DONT LA VENTE AURA LIEU

HOTEL DES COMMISSAIRES-PRISEURS

RUE DROUOT, 9, SALLE Nº 4

AU PREMIER ÉTAGE

Les Lundi 25 et Mardi 26 Novembre 1878

A UNE HEURE PRÉCISE

Mᵉ **MAURICE DELESTRE**, Commissaire-Priseur,
Successeur de M. DELBERGUE-CORMONT,
rue Drouot, 27,
Assisté de **M. VIGNÈRES**, Marchand d'Estampes,
rue de la Monnaie, 21, à l'entre-sol,
Chez lequel se distribue le Catalogue.

EXPOSITION PUBLIQUE

Le Dimanche 24 Novembre 1878, de 1 heure à 4 heures.

PARIS — 1878

2520-50
2008-50
4529

CATALOGUE

DESSINS ANCIENS

1 ALBANE (F.). Vénus et Adonis poursuivis par des Amours. Petit dessin à la plume lavé d'encre de Chine.

2 AMMAN (Jost.). Mort d'Athalie. Sujet de vitrail dessiné à la plume et lavé d'encre de Chine.

3 ANONYME. Portrait de Vestris, le célèbre danseur. A la pierre noire relevée de blanc.

4 — D'après *Francia*. Portrait d'homme tenant une bague. Fait à la plume dans le genre de la gravure.

5 BANDINELLI (Baccio). Figure d'apôtre dessinée à la plume.

6 BARBIERI (Le Guerchin). Paysage animé de figures. Energique dessin à la plume. Collection *C. P.*

7 — Religieux regardant dans un livre. Dessin à la plume.

8 BAROCCI (F.). Etude pour « Tobie et l'Ange. » A la plume et lavis de sépia.

9 BAUDUIN le Vieux. Paysage rocheux, à la plume et lavis d'aquarelle. Papier à la Folie.

10 BEAUSIRE (J.). Projet d'illumination pour le Dauphin, en 1729, approuvé par les ordonnateurs. Dessin à la plume. Signé.

11 BECCAFUMI. Le Christ triomphant de la mort. A la plume et lavis de bistre.

12 BERGHEM (N.). Homme à cheval descendant un talus. Lavis d'encre de Chine. Papier aux armes de Hollande.

13 — Paysage hollandais avec cours d'eau et moulin. Beau petit dessin à la pierre noire lavée d'encre de Chine.

14 BERTIN (N.). Environs de Naples. Petit dessin à la sépia très-fini d'exécution. Signé.

15 BIBIENA. Composition de colonnades et d'une fontaine. Petit dessin décoratif à la plume et lavis de bistre.

16 BIDAULT. Tête de Madeleine renversée, dessiné à la pierre noire, relevée de crayons de couleur.

17 BILCOQ. Marchand de gaufres sur un quai de Paris. Effet de lumière à l'encre de Chine rehaussée de blanc.

18 BLANCHARD (J.). Chérubin en adoration devant la Vierge. Beau dessin à la sanguine.

19 BLOEMART (Ab.). Jeune bergère assise parmi des rochers. Energique dessin à la plume.

20 BLONDEL. Façade et profil de l'hôtel de Roquelaure. A la plume et aquarelle, 2 dessins.

21 BOFFRAND, architecte. Vue de l'entrée du palais Bourbon. Grand dessin à la plume et encre de Chine. Signé.

22 BOISSIEU (J.-J. de). Environs d'une villa. Joli dessin à l'encre de Chine.

23 BOLOGNE (Jean de). Combat d'hommes contre des Centaures. Bon dessin, en forme de frise, à la plume et lavis de sépia. Collect. Arozarena.

24 BOSSE (Ab.). Jeune seigneur enveloppé de son manteau. Croquis à la pierre noire.

25 BOTH (Jean). Le laitier et son âne. Bon dessin à la pierre d'Italie lavé d'encre de Chine et formant panneau décoratif.

26 BOUCHARDON (E.). L'Odorat figuré par une femme, debout sur une sphère et tenant des fleurs. Dessin à la sanguine.

27 BOUCHER (le premier maître de Mignard). Saint Louis agenouillé, tenant le sceptre et le bâton de justice. Pierre d'Italie relevée de blanc. Signé.

28 BOUCHER (F.). Panneau décoratif représentant une cible où des cœurs sont percés. Dessin à la pierre d'Italie et analogue au sujet du tableau portant le n° 716 au Louvre.

29 BOUCHER fils. Dessin d'une rampe en fer forgé exécuté pour les Tuileries et le château de Meudon. A la plume et aquarelle.

30 BOURDON (Séb.). Tête de jeune homme à la pierre noire relevée de blanc.

31 BRAMER (L.). Après une bataille. Dessin à la plume et lavis relevé de blanc.

32 BREUGHEL (P.). Un quai hollandais. Joli petit dessin à la plume et lavis d'indigo. Signé.

33 BRONCKORST, 1620. Saint Jean écrivant l'Évangile. A la plume et lavis de sépia. Signé.

34 BURGMAIR (H.). Jeune femme en habit de fête. Dessin à la plume.

35 CALLOT (J.). Plan de Nancy, et ses environs dessiné à la plume et aquarelle sur vélin.

36 CAMBIASI (Luca). Sainte famille. A la plume et lavis de sépia. Ce dessin fut dédié par l'artiste à Pietro Francavilla, sculpteur, né à Cambrai, et élève de Jean de Bologne.

37 CAMBON (A.). Le Cellier. Décor pour « Les petites Danaïdes » dessiné à la sépia.

38 CANTARINI (Le Pesarèse). Concert d'anges auprès de la Vierge et de l'Enfant. Dessin à la plume.

39 CARMONTEL. Jeune femme assise occupée à sa toilette. Joli dessin à la pierre noire rehaussé de blanc.

40 CARRACHE (A.). Paysage avec rivière. Vigoureux dessin à la plume et lavis de bistre.

41 CARRACHE (L.). La Vierge avec l'Enfant entourés d'anges. A la pierre d'Italie. Signé *Crozat* au verso.

42 CARRÉ (Michel). Troupeau surpris par un coup de vent. Lavis de bistre et encre de Chine. *Signé*.

43 CASTELLI (B.). Statue d'un Apôtre dans une niche de style Renaissance. A la plume et lavis de bistre.

44 CHALLE. Le Bât. Tiré des contes de La Fontaine. 25
Dessin au crayon noir.

45 CHIMENTI (J. da Empoli). Etude d'un religieux 5.50
agenouillé. A la sanguine.

46 CIGOLI (L. de). Guerrier, religieux et saintes 22
femmes prosternés aux pieds de la Vierge. Beau
dessin à la plume lavé de sépia.

47 CIPRIANI. L'Automne figuré par une jeune 7
femme assise sur des nues. A la plume.

48 CLAESSENS. Hérodiade se fait présenter la tête 11
de saint Jean. Grand dessin au crayon noir,
d'après Rembrandt.

49 COCK (H.). Paysage traversé par un cours d'eau. 3.50
Petit dessin à la plume lavé d'encre de Chine.

50 COLIN (A.). Jeune mère italienne filant sa que- 4
nouille. Dessin à la plume et encre de Chine. Au
verso, un autre groupe.

51 COLLINS, architecte. Arcs doubleaux de l'esca- 3
lier du palais Mathée à Rome. A la plume et
encre de Chine.

52 CORNEILLE (Michel). Tête de Vierge, forte 11
comme nature, à la sanguine.

53 — Joseph descendu dans le puits par ses frères. 5
A la plume et lavis d'encre de Chine.

54 CORRÈGE (Allegri). Le Christ au jardin des 9
Oliviers. Très-beau dessin à la pierre noire.

55 — Étude d'homme chargé d'un fardeau à la 3
pierre noire. Au verso, le mogramme de *P.
Mariette.*

56 COUCHÉ. Projet d'un banc-d'œuvre pour le duc d'Orléans. Dessin à la plume et lavis d'aquarelle.

57 COUSIN (Jean). Évêque devenu ermite. Dessin à la plume et lavis de bistre pour un vitrail, Papier du XVᵉ siècle.

58 CRESPI (Daniel). La Madeleine enlevée au ciel. Beau dessin à la plume et lavis de bistre relevé de blanc,

59 DEBUCOURT. Jeune femme tenant un parasol. Joli costume de mode au lavis.

60 DECKER (P.). Magnifique intérieur d'un palais orné de statues et de vases. A la plume et lavis d'encre de Chine.

61 DE LAUNE (Stephanus). Allégorie et croquis divers. Petit dessin à la plume. Rare.

62 DELLA BELLA. La Vierge au scapulaire et divers croquis à la plume d'une grande finesse. Rare.

63 DEL PIOMBO (Séb.). La Charité, femme accroupie entourée d'enfants. Dessin à la sanguine dans le style de Michel Ange. Au verso, une contre-épreuve de la Visitation. Collection de la Fontinelle.

64 DE MARNE. Campement de cavalerie. A la plume et mine de plomb.

65 DE VADDER (L.). Paysage boisé au bord d'une rivière. A l'encre de Chine. Un autre au verso.

66 DEVÉRIA (Ach.). Jeune enfant jouant avec des fleurs. Dessin au crayon noir relevé de blanc.

67 DE VOS (Martin). Le jugement de Páris. Beau 15
dessin à la plume lavé de sépia et d'indigo.

68 DIEPEMBEKE (Ab.). La Nativité. Pierre noire et 3
encre de Chine.

69 DIZIANI (G.). Hercule et une bacchante. Dessin 3
à la plume.

70 DOW (Gérard). Intéressante feuille d'études 4.50
faites à la sanguine au recto et au verso.

71 DU RAMEAU. Vénus à sa toilette. Petit dessin à 6
la plume et lavis de sépia.

72 DYCK (A. Van). L'Assomption de la Vierge. Joli 6
dessin à la plume. Au verso, une autre étude.

73 — Étude d'une femme pour « Moïse sauvé ». 5
Beau dessin à la pierre noire relevé de blanc.

74 ÉCOLE DE BOURGOGNE. Tête de femme vue 3.50
de profil, aux deux crayons.

75 ÉCOLE FLORENTINE. Projet de fontaine, à dou- 16
bler, de style Renaissance, à la plume et lavis de
sépia.

76 ÉCOLE FRANÇAISE. Jeunes amoureux dans un 6.50
paysage. Joli dessin au lavis d'encre de Chine.

77 ÉCOLE HOLLANDAISE. Le médecin aux urines. 8
Curieux dessin à la plume en forme d'éventail.

78 — Quatre dessins à l'encre de Chine pour mo- 6
numents funéraires.

79 FARINATI (P.). Lutte de deux enfants. Pierre 3
d'Italie.

80 FLAMEN (Alb.). Paysage avec masure et cours 5.50
d'eau. A la plume et lavis de bistre. Au verso, un
autre paysage.

81 FOUQUIÈRES (L.). Paysage montagneux. A la sanguine.

82 FRAGONARD (H.). Monticule dans une villa, au sommet duquel se trouve un petit temple en rotonde. Joli dessin à la pierre d'Italie.

83 — D'après *Raphaël.* Abraham prosterné devant les anges. A la plume et lavis de bistre. Signé *Frago.*

84 FRANCK (F.). Saints Personnages prosternés devant la Trinité. Dessin à la plume, lavé de sépia et relevé de blanc.

85 FREDOU. Tête de jeune fille vue de profil. A la pierre noire relevée de sanguine.

86 GASPARD DUGHET. Vue aux environs de Naples. Dessin à la plume rehaussé de blanc.

87 GELÉE (Claude-Lorain). Rochers et Temple de la Sybille à Tivoli. Lavis de bistre relevé de blanc. Collection *Gault de Saint-Germain.*

88 GÉRICAULT (Th.). Diomède blessé. Petit dessin à la plume sur papier bleu.

89 GHEYN (J. De). La Leçon de clarinette. Dessin à la plume. Signé. Papier à l'aigle de Charles-Quint.

90 GHEZZI. Jeune Seigneur saluant. A la plume et lavis de bistre.

91 GILLOT (Claude). Ribaude surprise par un homme du guet. Bon petit dessin à la plume et au lavis. Collection *Lafontinelle.*

92 — Jeune Femme dansant au son de castagnettes. Petit dessin à la plume lavé d'encre de Chine.

93 GIORDANO (Luca). Loth enivré par ses filles.
Bon dessin à la plume.

94 GIRODET TRIOSON. La Comédie couvrant un
paon à tête de femme. Satyre contre Mlle Langes,
actrice des Français. Aux trois crayons. *Signé.*

95 GOYA. Caricature sur les aventures du Préten-
dant à la couronne d'Espagne. Curieux dessin à
l'aquarelle.

96 GRAVELOT (H.). Vénus et Adonis. Très-petit
dessin de forme ovale à la plume.

97 GREUZE (J.-B.). Vieille Femme auprès de la
fenêtre d'une mansarde. Étude à la sanguine
pour la composition « Le Retour sur soi-même ».

98 — Mort de Priam et de ses fils par Pyrrhus.
Belle étude à la sanguine. (Les sujets d'histoire
de cet artiste sont rares.)

99 GROONENVEGE. Grande Marine animée de
bateaux et de barques. A la plume et lavis
d'encre de Chine.

100 GROPE (Josua de). Parc hollandais. Dessiné à
la plume et lavis d'encre de Chine. Signé.

101 GROS (Baron). Bombe éclatant au milieu de
cavaliers. A la plume et lavis d'encre de Chine.

102 GUIMAR. Le Chien qui porte le dîner de son
maître. Dessin à la plume en forme de mé-
daillon.

103 HEMSKERKE (M.). Costumes orientaux : le Roy,
le Conseiller, le Page et l'Homme de guerre.
Dessin à la plume lavé de bistre.

104 — La Cène. Dessin à la plume et lavis d'encre
de Chine.

105 HUET (J.-B.). Jeune Femme tenant un sceptre, la tête couverte d'une couronne murale. A ses pieds, les attributs de la Guerre. Dessin au lavis et sanguine de la collection Guichardot.

106 JAQUOTOT V^{re} (Peintre de la Manufacture de Sèvres). Portrait, d'après nature, de la baronne de Senones. Délicieux petit dessin, fini comme une miniature, à la mine de plomb relevée de blanc. Signé.

107, — Portrait, d'après nature, de Lesueur, de l'Institut. Charmant petit dessin, traité en miniature, à la mine de plomb relevée de blanc. Signé du monogramme.

108 JOLY (A.). Vue prise dans les glaciers de la Suisse. Encre de Chine et bistre. Signé.

109 KNELLER (H.). Tête de jeune femme, forte comme nature, à la pierre noire rehaussée de blanc. Au verso, divers portraits d'hommes.

110 KOEKKOEK (B.-C.). Intérieur d'un bois. A l'encre de Chine, relevé de blanc. Signé.

111 LA FOSSE (De). Le Christ montré au peuple. Dessin à la plume.

112 — Autel pour la chapelle d'un château. A la plume et lavis d'aquarelle.

113 LAIRESSE (G. de). La Renommée proclame la puissance des arts, des sciences et de l'histoire que le Temps découvre. Beau dessin au lavis d'encre de Chine. Signé.

114 LALLEMANT. Paysage à la plume et aquarelle.

115 LANCRET (N.). Jeune Femme accroupie tenant
un cahier ouvert. Joli dessin à la sanguine
relevé de blanc. Au bas est écrit : *Lancré* par
Crozat.

116 — Feuille de croquis. Au milieu, un homme
pince de la mandoline ; de chaque côté, un personnage assis. Beau dessin à la pierre d'Italie
relevée de sanguine et de blanc, sur papier
brun.

117 LANTARA (S.-M.). Petite Ferme au bord d'une
rivière. Très-petit dessin à la pierre noire, relevé
de blanc.

118 LANTÉ ? Costumes de femmes sous l'Empire.
Dix-sept dessins à la plume et lavis d'aquarelle
sur papier calque.

119 LA RUE (De). Bacchanale de Satyres et de Bac-
chantes. A la plume et lavis de sépia.

120 LAVALÉE POUSSIN. Céphale et Procris. Dessin
à la plume et lavis de bistre.

121 LE BAS (H.). Résultat des fouilles faites à Rome
en 1811 en 1812, au Temple de Jupiter tonnant.
Petit dessin au lavis de bistre. Signé.

122 LE BRUN (Ch.). L'Astronomie, figurée par une
femme accroupie mesurant le zodiaque. Dessin
à la pierre noire.

123 LE CLERC. Étude d'Enfant accoudé sur une
draperie. A la sanguine.

124 LEFEBVRE (Claude). Portrait d'Homme enveloppé dans son manteau. A la pierre d'Italie,
relevé de blanc. Rare.

125 LE MIRE ? Deux petits dessins pour vignettes. A la pierre noire.

126 LE NAIN. Figure d'un jeune homme souriant. Dessin aux deux crayons.

127 LEONI (Ottavio). Portrait d'une jeune Vénitienne. Joli petit dessin à la pierre d'Italie sur papier bleu.

128 LE PRINCE (J.-B.). Jeune Homme vêtu à l'orientale. Dessin à la pierre d'Italie.

129 LE SUEUR (Eustache). Étude d'un Ange planant. Beau dessin à la pierre noire sur papier teinté.

130 LICINIO (B.). Un Prince de la Maison de Savoie prosterné devant saint Laurent. Bon dessin à la plume lavé d'encre de Chine.

131 LOIR (N.). La Vierge, l'Enfant-Jésus et saint Jean. Petit dessin à la plume lavé d'encre de Chine. Collection *J. Vallardi*.

132 LUTMA (Jean), Orfèvre. Dessin d'un bout de plat en argenterie. A la plume et lavis d'encre de Chine. Très-rare.

133 LUYKEN (J.). Persécution des Protestants à Lyon en 1621. A la plume et lavis d'encre de Chine.

134 MALIOLI (Andréa). Décapitation d'un saint personnage. A la plume et lavis de bistre.

135 MALLET. Une jeune Novice joue de la harpe dans une salle de style gothique. Au crayon noir et lavis d'aquarelle.

136 MANTEGNA (Andréa). Étude d'une Femme soutenant une torche. Dessin à la plume.

137 MARATTE (Carle). La Confirmation. Très-beau petit dessin à la plume et sépia. Collection *Richard I*[er] et *Lagoy*.

138 — Assemblée de savants dans un palais. Bon dessin à la plume largement lavé de sépia.

139 MARÉCHAL. Projet de salon pour M. Simon au pavillon de Hanovre à Paris. Très-beau dessin dans le style Pompéïen à la plume et aquarelle.

140 MARÉCHAL et PAJOU. Projet de chaire pour Saint-Sulpice. Beau dessin à la pierre noire et aquarelle.

141 MARTINET. Un Homme offre le jeu du Diable à une jeune femme. Dessin à la plume et aquarelle. A été gravé.

142 MARVYE. Projet d'une porte, de style Louis XV, à exécuter en sculpture et menuiscrie. A la pierre noire.

143 MAZZOLA (Le Parmesan). Vulcain forgeant des flèches. Petit dessin, de forme ovale, à la sépia relevée de blanc.

144 — Loth et ses filles fuyant Sodome. Petit dessin à la plume lavé de sépia.

145 METSU (G.). Sa Mère examinant un tableau sur un chevalet. A la sanguine. Au verso : divers croquis.

146 MEULEN (Van der). Louis XIV dans sa chaise supportée par des mules. Grand dessin à la pierre noire relevée de blanc.

147 MEYER (H.). Intérieur d'un bois avec un étang. Joli dessin à l'encre de Chine. Signé.

148 MIÉRIS (G. van). Repos de chasseur au pied
d'un arbre. Dessin à la pierre noire sur papier
bleu.

149 MOLA (J.-B.). Prêche de saint Jean. Dessin à
l'encre de Chine rehaussé de blanc.

150 MOLENAER (Jean). Intérieur de cabaret flamand.
À la sanguine.

151 MOLYN (P.). Masures entourées d'arbres. Dessin
à la pierre noire, signé (Collection J. Dupan).

152 MONGIN. Guillaume Tell vient de percer la
pomme. Petit dessin à la plume et aquarelle. A
été gravé en couleur pour la publication « des
hommes illustres. »

153 MONNET. Mars reçoit un manteau des mains
d'Hébé. Joli dessin à la plume et lavis d'encre
de Chine.

154 MOREAU (L.). Vue des environs de Charenton.
Bon dessin à la pierre noire et lavis d'encre de
Chine.

155 — Abords d'une villa italienne. Joli dessin à la
pierre d'Italie. Porte le monogramme.

156 MOREAU Jeune (L.-M.). La Fontaine reçu aux
champs Élysées par Ésope qui lui présente une
couronne. Il est entouré du Dante, de Pétrarque
et Laure, etc. Très-beau dessin à la plume et au
lavis de bistre.

157 MOREL FATIO. Vue de la ville et du château
d'Eu. Joli dessin à la mine de plomb. Signé.

158 MURILLO (B.-E.). La Nativité. Très-beau dessin
en hauteur à la plume et lavis d'encre de Chine.
Signé dans le haut *B.-E. Morillo délineavit.*

159 NATOIRE (C.). L'enlèvement d'Europe. Dessin au lavis d'encre de Chine.

160 — David vainqueur de Goliath. Étude à la sanguine relevée de blanc.

161 NATTIER (J.-M.). Dame de la Cour en joli costume. A la pierre d'Italie relevée de blanc.

162 NIEULAUT (Van). Paysage montagneux au lavis d'indigo.

163 NUVOLONE (G.). Sainte Famille. Dessin à la plume et lavis de sépia (Collection Arozarena).

164 ORLEY (R. Van). Épisode de l'Histoire romaine: un philosophe est chassé par un potentat. Lavis d'encre de Chine.

165 — Repos de Diane. Petit dessin à la plume et lavis d'encre de Chine.

166 OUDRY (J.-B.). Étude de deux moutons. Très-beau dessin à la pierre noire rehaussé de blanc (Collection du duc N. B.).

167 — Le Pont de Vernon du côte de Vernonet. Joli dessin à la pierre noire relevé de blanc.

168 OZANNE (M.). Port de mer. Très-petit dessin à l'encre de Chine (Porte le monogramme).

169 PADOUAN (Le). Tête d'homme dessinée à la sanguine.

170 PAJOU. L'Amour désarmé par Vénus. Charmant dessin à la pierre d'Italie pour le groupe de la salle d'Opéra à Versailles.

171 PALAMÈDES. Gentilshommes hollandais dégustant la bière dans de longs verres. A la pierre noire.

172 PALMA le Vieux. Le Père Éternel adoré par des anges. Petit dessin, de forme cintrée, à la plume et lavis de bistre.

173 PALMA (J.), le Jeune. Actions de grâces rendus par un Prince. A la plume et au lavis.

174 PALMÉRIUS Paysage animé de personnages. Petit dessin de forme ronde à la plume.

175 PANNINI (G.-P.). Ruines de Palais et de Temples au milieu desquelles un personnage fait un discours. Bon dessin à la plume et aquarelle.

176 PARROCEL (P.). Soldats jouant aux cartes. Dessin à la sanguine.

177 PASSIGNANI (Dom.). Épisode de la vie de saint Bernard. Beau dessin à la plume et lavis de bistre (Collections Crozat, Nourri, Lempereur et Gault de Saint-Germain).

178 PATER. Groupe de personnages à la promenade. Très-joli petit dessin à la sanguine.

179 PEN (De). Dessin pour un frontispice. A la sanguine et lavis d'encre de Chine.

180 PERONNEAU. Dessin d'un quart de plafond à la plume et largement teinté de bistre.

181 PETERS (De). Le Vacher. Étude à la sépia.

182 PICART (B.). L'eau sortant du rocher frappé par Moïse. Dessin à la plume et encre de Chine.

183 — Trophée guerrier dessiné à la plume. (Collection E. M.).

184 PIERRE (J.-B.-M.). Laban cherchant ses idoles. Dessin à la sanguine violette.

185 — Tête d'homme. Belle étude à la sanguine violette.

186 PILLEMENT. Grand paysage montagneux avec chûte d'eau et animé de personnages. A la pierre noire et lavis.

187 — Dessin d'ornement formé de fleurs de caprice fait à la pierre d'Italie. Signé.

188 PIPPI (Jules Romain). Faune jouant de la lyre. Dessin à la plume et lavis de sépia.

189 PIRANÉSI. Trépieds, arabesques et statues dessinés à la plume d'après l'antique.

190 POUSSIN (Nicolas). Ancienne porte de Rome surmontée d'une tour. A la plume et lavis de bistre.

191 — Trois études à la plume d'après l'antique (Collection de Gault de Saint-Germain).

192 PRETI. Mattia (Le Calabrèse). La reine Artémise sur son trône. Dessin à la plume et lavis de sépia.

193 PRIEUR. Grand panneau décoratif dans le style Pompéien. Beau dessin à la plume et à l'aquarelle. Signé.

194 RAVESTEIN (A. Van). Portrait d'une dame hollandaise. Dessin à la pierre noire sur vélin.

195 REMBRANDT. Vieille apportant des aliments à un homme alité. Vigoureux dessin à la plume.

196 REVERDINO (G.). Évocation de vieilles sorcières. Énergique dessin à la sanguine. Rare.

197 RICCI (Séb.). Jésus au milieu des docteurs. Bon petit dessin à la plume et lavis de bistre.

198 RIDDERBOSCH (Mⁱⁱᵉ). La tante de G. Dow. Dessin à la plume d'après G. Dow et imitant la gravure d'une façon remarquable.

199 RIGAUD (H.). Dame de la Cour en joli costume. Dessin à la pierre noire relevée de blanc.

200 ROBERT (Hubert). Soubassement d'un palais de Rome. Au lavis d'aquarelle.

201 ROBUSTI (J.) le Tintoret. Guerrier entouré de trophées d'armes. Bon dessin à la plume lavé de bistre (Collection Gault de Saint-Germain).

202 ROGER. Les Blanchisseuses. Dessin au lavis d'encre de Chine. Signé.

203 RUBENS (P.-P.). Tête de jeune homme, de profil. A la pierre d'Italie et encre de Chine relevée de sanguine. Très-beau dessin pour un Saint-Jean.

204 — D'après *Raphaël*. Étude d'un groupe d'une bataille. A la pierre d'Italie.

205 RUYSDAEL (S.). Massifs d'arbres entourant une rivière. Joli petit dessin au lavis d'encre de Chine.

206 RYCKAERT (D.). Les Chanteurs au cabaret. Dessin à la pierre d'Italie.

207 SADELER (E.). D'après *P. Brill*. Marécages boisés. Vigoureux dessin à la plume.

208 SAINT-AUBIN (A. de). Jeune femme jouant de la mandoline. Joli dessin à la plume.

209 SAINT-AUBIN (G. de). Jeune femme, vue de dos, montrant un crucifix. Dessin à la pierre noire et aquarelle.

210 SANZIO (Raphaël). Étude de tête d'homme. Très-beau dessin à la pierre noire relevé de teinte et de blanc.

211 SARTO (Andréa del). Repos de Saint-Jean. Beau dessin à la pierre noire sur papier teinté (D'une ancienne collection).

212 SASSO FERRATO. L'Annonciation. Vigoureux dessin à la plume (Collection comte Genoëls).

213 SCHIAMINOSL (R.). Quatre apôtres. Fragment d'un rétable d'autel. Dessin à la plume et encre de Chine.

214 SERGENT. Enée sauve son père Anchise. Petit dessin à la plume et aquarelle. A été gravé pour « les hommes illustres. » Avec la gravure.

215 — Mutius Scevola. Petit dessin à la plume et aquarelle. Gravé en couleur pour la même publication que le précédent

216 SILVESTRE (J.). Feu d'artifice sur un pont *dedan lions* (sic). Au lavis de sépia relevé de blanc.

217 SOLIMÉNA (F.). Allégorie à l'élévation d'un Prince. Motif de plafond à la plume légèrement teinté.

218 SPAENDONCK (Van). OEillets et roses en bouquets. Joli petit dessin à l'encre de Chine.

219 SPRANGER (B.). L'archange Michel terrassant le démon. Dessin à l'encre de Chine.

220 STEEN (Jean). Les chanteurs. Dessin à la pierre noire relevée de blanc. Signé.

221 STRADAN (J.). Un Luthier au XVIIe siècle. Joli dessin à la plume lavé d'une teinte violette.

222 SWANEVELT (Herman). Paysage au lavis d'encre de Chine pour son eau-forte de saint Jérôme au désert. Le saint et les lions ont été imaginés postérieurement. Nous y joignons la gravure. Voyez Bartsch, 109, 3, vol. 2, p. 313.

223 TARAVALLE. Sultane abandonnée. Dessin largement traité à la sanguine. Signé.

224 TENIERS (D.). Château entouré de murailles. Petit dessin à la pierre d'Italie.

225 TER HIMPEL (A.). Paysage largement traité au lavis d'encre de Chine relevée de blanc.

226 THÉATRE. Projet d'un rideau pour une résidence royale sous la Restauration. Au milieu se voit le triomphe de Cérès. Grand dessin à la plume et aquarelle.

227 TIEPOLO (Dom). Centaure gravissant un monticule. Dessin à la plume largement lavé d'encre de Chine. Signé.

228 TIEPOLO (Gio B.). Sacrifice d'Iphigénie. Dessin à la plume et lavis d'encre de Chine.

229 TITIEN (Vecelli). Saint Sébastien debout dans une niche. Magnifique dessin à la plume et lavis de bistre.

230 — Grand prêtre égorgeant un agneau. Bon dessin à la plume. Au verso : *un Sacrifice d'Abraham.*

231 UDINE (Jean d'). Quart de plafond formé d'arabesques, dessiné à la plume. Jolie pièce.

232 ULFT (Van der). Vue prise à Rome. Beau dessin à la sépia (Collection Lord Spencer).

233 VAILLANT (W.). Intérieur de cabaret flamand. Dessin à l'estompe de pierre noire d'après Brauwer.

234 VAN DER LAAN (A.). Derniers moments d'un prince. Petit dessin à la plume lavé d'encre de Chine. Signé.

235 VAN DE VELDE (E.). Convoi de chariots dévalisé. Bon dessin à la pierre noire et lavis d'encre de Chine. Signé.

236 VANNI (F.). Le Christ découvre son sein à un religieux. A la plume et bistre relevé de blanc.

237 VERNET (H.). Le cheval d'ambulance. Petit dessin à la pierre d'Italie. Signé du monogramme.

238 VIEN (J.-M.). Un Oriental assis. Dessin à la sanguine.

239 VIGNETTES. Trois Dessins au crayon et au lavis, par Chasselat, Roqueplan et autre : *L'Héroisme filial, tu vois en moi le Gouverneur de Nancy*, — etc.

240 VISSCHER (C.). Gentilhomme hollandais. Beau dessin à la pierre noire.

241 VLEUGHELS (N.). Jeune Fille souriant. Très belle tête grandeur demi-nature aux trois crayons.

242 — Vénus demande des armes à Vulcain. A la pierre noire relevée de blanc.

243 VOLMAR. Chien poursuivant un cerf. Aquarelle signée.

244 VIVARÉS (F.). Dessin d'un panneau décoratif dans le style chinois. A l'encre de Chine.

245 WEIROTTER (F.-E.). Vue des bords du Rhin. A la pierre noire.

246 WILKIE. Intérieur de cuisine (une jeune servante est assise devant l'âtre). Grand dessin à la sanguine. *Rare.*

247. ZAMPIERI (Le Dominiquin). *Salvator mundi.*
Beau dessin au bistre rehaussé de blanc.

248. ZUCCARO. Portrait d'un jeune homme, dessiné
aux deux crayons.

249. ZUCCARO (T.). Études d'enfants portant des
fruits. Joli petit dessin à la plume.

250 DESSINS CHINOIS. Saltimbanques. 20 p.

251 — Musiciens. 19 p.

252 — Supplices. 19 p.

253 — Jonques, Marines. 20 p.

———

ESTAMPES, ARCHITECTURE, ORNEMENTS
DÉCORATIONS THÉATRALES

254 **Antoine.** Plans, coupe et vue de l'hôtel des
Monnaies, à Paris. 9 p. in-fol.

255 **Architecture.** Monuments, Détails, Dalles
tumulaires, Mosaïques et autres en chromo, et
détails de divers monuments anciens et modernes. Plusieurs lots.

256 **Armoiries** de Clerin, Ladame, et celles de
Charles-Quint. 5 p.

257 — Le Clerc, Hopfer, Costumes de soldats et
autre. 5 p.

258 **Babel** (D'ap.). Fauteuil, Cadre de glace et
autre, Sujets chinois. 3 p. publiées à Londres.

259 — Cartouches formant fontaines et autres.
4 p.

260 **Baldaquins** et Maîtres autels des églises de   3 50
Paris. 8 p.

261 **Bellay** (D'ap.). Cartouches pour écrans à deux   5
motifs, 3 p.

262 **Berain** (D'ap.). Candélabres à deux motifs. 3 p.   6
par *Dolivart*.

263 — Écu d'armes, Panneau, Montants d'orne-   5
ments. 11 p.

264 — Décorations pour le théâtre de l'Académie   5
royale de musique, Armide, Temple de la Paix,
Proserpine, Trébuchement de Phaéton, Persée.
5 p. par *Lepautre, Dolivart*.

265 — Ornements, Panneaux, Montants. 6 p.   3 50

266 — Mausolée, Catafalques pour le prince de   5 50
Condé et autres services funèbres. 8 p. par
Dolivart, Le Pautre, etc. 1 est avant la lettre.

267 — Meubles, Girandoles. 3 p. superbes.   9

268 — Cheminées, Trumeaux. 5 p. superbes.   8 50

269 — Grands Panneaux d'ornements très riches.   8 50
8 p. très-belles.

270 — Panneau, Cheminées, Chapiteaux et autres   2
divers. 8 p.

271 **Bessat** (D'ap.). Plan des hôpitaux de Paris.   o
33 p.

272 **Blondel**. Plafonds d'une grande richesse et   9
par *Le Clerc*, celui du baron de Tessin à Stockolm.
5 p.

273 — Chœur de N.-Dame de Paris, Portail de la   1
Sainte-Chapelle, par *Brebiette*. 4 p.

274 **Bosse** (Ab.). Triomphe, Cortége.   o

275 — Montants d'ornements avec allégories Justice, Prudence, etc. 2 p.

276 — Fontaines monumentales, et par *M. Lasne*. 3 p.

277 **Boucher** fils. Grilles et Rampes. 7 p.

278 Cartes à jouer. Le vase de 1 à 8. 8 p.

279 Cartouches blancs, ornés de figures. 6 p.

280 **Cauvet**. Frises d'ornements, avec animaux et figures d'enfants. 4 p.

281 **Chaires** des églises de Paris, Saint-Étienne-du-Mont, Saint-Eustache, Saint-Paul et autres. 9 p.

282 **Challe** (D'ap.), Catafalque, Monuments funèbres, Tombeaux, etc. 15 p.

283 **Charmeton** (D'ap.), etc. Montant d'ornements avec figures allégoriques. 6 p. par *N. Robert*.

284 **Charpentier** (D'ap.). Trophées d'armes par *Huquier*, 8 p.

285 **Chauveau**. Les Délices de l'esprit. Titres et sujets avec entourages ornés. 24 p.

286 — Arc de triomphe, d'ap. Lebrun. Très-belle ép.

287 **Choffard**, 1770. Fleurons. 2 p. avec marge. Superbes.

288 **Ciro Ferri** (D'ap.). Voiture de gala, de la plus grande richesse, avant, arrière et profil. 3 p. toute marge.

289 **Cock** (C.). L'Avarice, dans un entourage avec figures.

290 **Cornely** (D'ap.), Voiture de gala d'une grande richesse, avant, arrière et profil. 3 p. toute marge.

291 **Catelle** (D'ap.). Plafonds, Trophées d'armes de *Daniel Hopfer*. 4 p.

292 **Danckerts.** Grottes et Pavillons en treillages pour jardin, d'ap. *Le Pautre*. 6 p.

293 **Decker** (D'ap. P.) et autres. Panneaux d'ornéments. 6 p.

294 — Cheminées et Trumeaux. 6 p.

295 — Flambeaux, Ornements d'églises, Autels, etc. 9 p.

296 **Décorations théâtrales.** Vues d'optique coloriées, Jardins de l'Axarienne, Jardins de l'île de Naxos, etc., et décoration de la pièce chapitre second. 5 p.

297 — pour des anciens opéras italiens, 8 p. à l'eau forte.

298 — Première scène de Fiorenza, par *La Belle*. — Théâtre du collége de Clermont. — Opéra de Vénus jalouse, et autres. 8 p.

299 — Grandes Décorations, d'ap. *Burnacini*. 2 p.

300 **Delafosse.** Tombeaux antiques. Cahier de 6 p.

301 — Trophées et Frises. 7 p.

302 **Deneuforge.** Portes et Façades de Palais. 9 p.

303 **Ducerceau** (Androuet). Colonnes, 3 sur chaque feuille. 4 p. superbes.

304 **Ducerceau.** Panneaux d'ornements de feuillages, ornés de figures, d'ap. Charmeton. 9 p.

305 — Frises d'enroulements de feuillages. 6 p.

306 **École de Fontainebleau.** Panneau avec entourages de figures, par *Domenico Fiorentino*, dit del Barbiere. Très-belle ép.

307 — Très-petit Sujet mythologique en rond, avec la tablette blanche. Rare.

308 **École Française,** xviiie. Écran, Panneau semé de fleurs, Trophées d'armes, etc. 9 p.

309 **École italienne.** *Banasone.* Panneau avec Amours, etc. 3 p.

310 **Fay.** Panneaux d'ornements, d'ap. *Prieur* et autres. 6 p.

311 — Montants d'ornements. 6 p.

312 **Fêtes.** Feux d'artifices, Illuminations des galeries du Louvre par *Marot*, Décorations de feux d'artifices, etc. 10 p.

313 **Forty** (D'ap.), etc. Meuble, Vase, Baromètre, Bras de lumière, Balcon et Lit à la polonaise. 6 p.

314 **Gioz** (Bérnardo). Les Saisons, sujets de femmes dans des ornements rocailles. 4 p.

315 **Gribelin.** Dessus de boîte, emblême dans un entourage rond. — Panneau de feuillage avec un amour. 2 p. superbes.

316 **Grilles** de châteaux, chœurs, chapelles, rampes et balcons, d'ap. divers. 13 p.

317 **Habermau** (D'ap.). Portes monumentales à doubler. 4 p. cahier, toute marge.

318 **Hertel,** ex. Sujets dans des ornements rocailles, la Mort, l'Éternité, Lucrèce, etc. Cahier de 6 p.

319 **Hollar**. Encadrements avec allégories funè- *1*
bres. 3 p.

320 **Hôtel** La Vrillière, Fontaine de Grenelle, et *2*
autres, Églises de Paris. 16 p.

321 **Huet** (D'ap.). Trophées de chasse. 2 p. par *1*
Guélard.

322 **Imbert** (Claude), orfèvre. Couronne de dia- *4 . 50*
mants de Charles III de Bourbon, roi d'Es-
pagne.

323 **Junck** (C.-I.). Chaires à prêcher. Cahier de *1*
4 p. toute marge.

324 **La Belle**. Cartouches, Frises, Vases. 11 p. *6 . 50*

325 **Langlois** (Chez). Salons de treillages. 6 p. *v*

326 **Le Grand**. Plafond avec pastorales. Rare. *14*

327 **Le Lorrain**, 1756. Bouclier d'Achille et d'Her- *1 . 50*
cule. 2 p. avant la lettre, superbes.

328 **Le Mercier**. Églises de Paris, Portes. 17 p. *2 . 50*

329 **Leonardi** (D'ap.). Pièces montées pour sur- *3*
touts de tables. 6 p. dont 5 à deux motifs.

330 **Léopold**, ex. Treillages, Plans de jardins. *1 . 50*
25 p.

331 **Le Pautre**. Cahier de Pavillons en treillage *5 . 50*
pour jardins. 6 p. superbes.

332 — Trophées médalliques de Tristan, marquis *4 . 50*
de Rostan, etc. 3 p.

333 **Le Rouge**. Description de Chambord, 10 p. *13*
in-fol. et la feuille de texte gravée.

334 **Loir**. Panneaux d'ornements, Trophées avec *8*
figures allégoriques. 13 p. (R. D. 46 à 64).

335 — Plafonds à la moderne. (R. D. 96 à 107). *16*
12 p.

16 336 — Nouveaux Dessins d'ornements, de Panneaux, Lambris, Carosse, etc. 8 p. superbes.

1 337 **Luchèse** (Michel). Grands Panneaux ceintrés, ornés de trophées, d'animaux, etc. 2 p. d'ap. *Raphael.*

3 50 338 **Maggi**, etc. Fontaines monumentales d'Italie et autres. 56 p.

2 50 339 **Marelli** (André). E. F., formées d'entrelacts, avec entourages ornés de figures.

2 0 340 **Mariette** (Chez). Caisses de voitures très riches. 5 p. superbes.

6 50 341 **Marot** (J.). Porte de fer du château de Maison, Autels, Cheminées, 10 p.

1 50 342 — Vues du Louvre, des Tuileries et autres. 8 p.

8 343 **Meissonnier** (J.-A.). Trumeau de glace avec console, bras de lumière.

7 344 — Pyramide avec figure allégorique pour une fête.

1 50 345 **Mitelli**. Montants d'ornements, arabesques. 4 p.

5 346 **Moxyn**. Orfévrerie, Boîte à poudre et autres, d'ap. *J. Lutma.* 12 p. rares et curieuses.

5 347 **Orfévrerie**. Pendeloques et autres, de *Daniel Mignot*, Simony et autres, pour émailleurs. 6 p.

2 50 348 — pour émailleurs, table riche. 2 p.

1 50 349 **Ornements** anciens, Rinceaux de feuillages. 6 p.

2 350 — pour frises d'orfévrerie, avec animaux. 6 p.

2 351 — et Vases de Cuvillies et autres. 6 p.

352 — Panneaux, Montants d'ornements, arabesques, frises. 10 p.

353 — Panneaux, Arabesques. 3 p.

354 — Panneaux, Arabesques, dans le goût de Ducerceau et autre. 7 p.

355 — Rocailles de Lajoue, Mondon et autres. 11 p.

356 — Fragments de bordures et Ornements de l'antiquité romaine, Autels, etc. 40 p.

357 — Panneaux, Montants d'ornements divers. 21 p.

358 Ornements divers d'ap. Dietterlin, Le Pautre, Meissonnier, Nilson, Lajoue, etc. Plus de 200 p. seront divisées.

359 **Pierrets** le Jeune, 4666. Plafonds. 6 p.

360 — Feuillages modernes faits au château de Fontainebleau, de l'invention de *Francisque*. 2 p. rares.

361 **Pineau** (D'ap.). Cheminées avec trumeaux de glaces et lambris avec consoles, commode, etc. 6 p. de décorations intérieures.

362 — Nouveaux Dessins de pieds de tables, vases et consoles. 6 p. très-belles.

363 **Foilly** (Chez). Métamorphoses avec entourages ornés de fig. d'ap. *Callot*, animaux, etc. 4 p. in-4.

364 **Prieur** (D'ap.). Bacchus et Ariane. — L'Amour et l'Amitié. 2 panneaux ronds. Très-belle ép., marge.

365 **Quelinus** et autres. Guirlandes de fruits, Chinois, etc. 6 p.

366 **Ranson**. Décoration intérieure, avec trophées de chasse. — Autre pour chambre à coucher. avec lit. 2 p. in-fol.

367 — Attributs, Trophées, Panneaux. 6 p. superbes, toute marge.

368 **Saint-Non**. Antiquités, Vases, Statues, Ornements, etc. 10 p.

369 **Salembier**. Motifs de frises d'ornements, 4 à la feuille. 3 p. toute marge.

370 **Sambin**. La Diversité des Termes sur bois. 22 p. rares.

371 **Solis** (Virgile). Orfévrerie, et par *Crispin de Pas* et autres. 4 p.

372 **Sorello** (Michel). Machine représentant le Triomphe de Bacchus et de Cérès pour les noces du roi et de la reine des Deux-Siciles. Décorations.

373 **Stephanus**. Convoi de prisonniers. — Combat des sauvages. 2 frises, très-belles ép.

374 — Scènes de la Bible, ornées de figures. 4 p.

375 **Tempeste**. Panneaux d'ornements ornés de figures. 7 p.

376 **Tesi** (Mauro) et autres. Vases, Dessus de boîtes. 5 p.

377 **Titres** ornés de 1617, 1629 et autres. 30 p.

378 **Tombeaux**, Épitaphe par Lenfant, d'après Blasset et autres. 4 p.

379 — de guerriers, de Vries et autres. 4 p.

380 — Monuments funèbres de l'antiquité romaine. 20 p. avec la médaille de la femme.

381 **Torelli** (D'ap. Jacomo). Décoration théâtrale, 14
avec la vue de Paris, Sainte-Chapelle, Notre-
Dame. Rare.

382 **Toro**. Masques, Mascarons, Meubles, Tables. 8 p. 10 50

383 **Vauquer**. Frises et Sujets pour boîtes, pour 6
bijoutiers, orfèvres. 5 p.

384 **Vénitien** (Aug.). Chapiteau, Corniche, etc. 3 p. o

385 **Vivares**. Grotesques, Rocailles, avec sujets 2
chinois. 6 p.

386 **Vos** (Martin de). Titres coloriés et rehaussés 5 50
d'or. 3 p.

387 **Vriesse**. Détails d'Ornements, d'Architecture, 11
Colonnes, Chapiteaux, Corniches, etc., et 2
Dieterlin, Porte et Cheminée. En tout 17 p.

388 — Façades de maisons, hôtels, monuments. 7 p. 3 50

389 **Wechter**. Armoiries, 1604. 6 p. 5

390 **Weigel**, ex. Frises d'enroulements de feuil- 3
lages. 4 p.

———

ESTAMPES ANCIENNES

(XVIIIe SIÈCLE ET MODERNES)

Sujets historiques, Portraits, Livres à figures, etc.

391 **Aldegraver** (H.). Combat d'Annibal et Scipion, 9
1538. Frise (B. 71). Très-belle ép.

392 **Anonyme**. Le Discours aux arquebusiers. — 5
Le Tir au pigeons — et pour titre Minerve
tenant un disque. 3 p. à l'eau-forte, grand in-8.

393 — Portrait d'un militaire surmontant un fait d'armes. In-4, superbe ép., marge.

394 **Bartolozzi.** Venus presenting the cestus to Juno. Ovale en travers; en couleur, d'ap. *Ciprinni.*

395 **Bartolozzi.** La Bergère des Alpes. 2 p. ovales in-4.

396 — Les Chagrins de Werther. 2 p. ovales in-4.

397 — Rosalba, l'Automne, Liberality et autres. 5 p. sanguine et couleur.

398 **Bega.** Le Marchand de chansons. — La Mère et son enfant. — L'Homme au petit manteau, etc. 6 p.

399 — Fumeurs, Fumeuse, la Famille, la jeune Cabaretière, etc. 6 p.

400 **Beich.** Paysages à l'eau-forte. 3 p.

401 **Bénard** (D'ap.). Le Gage de l'amitié. — La Reconnaissance du berger. 2 p., très-grandes marges.

402 **Berghem**, etc. Les quatre Sujets d'animaux, Moutons, etc. 6 p.

403 **Binet** (D'ap.). Vignettes par *Leroy*, 2 — et autres pour Skakespeare. 4 p.

404 **Bink** (Jacque) I-c-B. Enfant renversé jouant avec un jeune chien; au fond, un vase formant rinceau d'ornement. Pièce ronde non décrite. 48 millimètres.

405 **Bois anciens.** Bible avec entourages. 52 p. au recto et verso. Environ 100 compositions.

406 **Boissieu.** Leçon de botanigue, Leçon de lecture et autre. 3 p.

407 **Bonhommé**. Érection de l'Obélisque de 5
Louqsor, sur la place de la Concorde, à Paris,
en 1836. 2 p.

408 **Bonnart**. Costumes avec les dessins originaux 50
des fonds de paysages et changements de costumes, qui furent exécutés sur les planches.
Ces épreuves ont servi pour la gravure, étant
passées à la sanguine au revers. 30 p. Cette
réunion est unique.

409 — Les Saisons. 4 p. superbes. 22

410 — Philippe V, — Duc d'Ossone et autre. 3 p. 28

411 **Bosse** (D'ap. Ab.). Allégorie sur les victoires 14
de Louis XIII, — et petite pièce sur l'Inquisi-
tion. 2 p.

412 — Agréable réjouissance de la cour sur la nais- 25
sance du duc de Valois, fils unique du duc
d'Orléans, né le 17 août 1650. Belle ép., rare.

413 **Boulogne** (D'ap.). Actéon métamorphosé en 3 50
cerf, par *Sornique*. Belle ép., marge.

414 **Brauver**. Vertumne et Pomone. — La Hollan- 2
daise faisant partir de l'artifice. 2 p., manière
noire.

415 **Bressard** de Beaulieu, 1783 (D'ap.). Le Père 3
Élisée Carme, prédicateur du roi. In-8, superbe.

416 **Bry** (Théodore de). Marche d'armée, frise d'ap. 9
Beham. Belle.

417 **C. P.**, 1766. Petits ei très-petits Paysages à 4 50
l'eau-forte, imprimés au bistre. 15 p.

418 **Callot**. Les Supplices. 1 50

419 — Saint Nicolas, sur papier de Lorraine. 2 50

420 — Nouveau Testament et titré. 11 p. Saint Jean prêchant (M. 4). En tout 12 p. très-belles.

421 **Carrache** (Aug.). L'Éternité dans l'Olympe, décoration théâtrale (B. 121), avant l'adresse *Filippo Suchielli*. Très-belle ép.

422 **Castiglione** (B.). Naissance de Jésus (B. 7). Belle.

423 — La Mélancolie (B. 22), ou la Magicienne. Belle ép.

424 — L'Invention des corps de saint Pierre et saint Paul (B. 14).

425 **Chastillon** (C.). Le Bâtiment de la Tour de Beauté, près Paris. Superbe.

426 **Chauveau**. Le Roi, le Prince de Condé et autres, à cheval, Costumes de Tournoi, etc. 8 pièces.

427 **Choffard**, 1786. L. Aug. Legrand de Laleu, avocat. In-4, superbe portrait.

428 **Couché** fils. Preville, Théâtre-Français. In-8, superbe.

429 **Crépy** (Chez). Entrée de Louis XVI à Reims, Représentation du Sacre. 3 p. in-fol., très-belles ép., toute marge.

430 **David**. Singe jouant aux dames avec sa maîtresse. In-4.

431 **Dominiquin** (D'ap.). Histoire d'Esther, Judith, etc. In-fol. par *G. Audran*. 4 p.

432 **Du Jardin** (Karel). Son OEuvre, complet. 52 p. à l'eau-forte.

433 **Durer** (Albert). Les trois Génies (B. 66). Très-belle ép.

434 — **Historia Passionis Domine Nostri Jesv christi.** Sur bois, in-4, avec le titre. 37 p., belles.

435 **Eaux-Fortes italiennes.** La Fortune, avant G. R. I. H. S. F. — Enlèvement d'Europe, par *Le Guide.* — Adoration des Mages, par *P. Teste.* 3 p., très-belles.

436 **École de Sienne** du XVII° siècle. Combat des vivants contre la mort.

437 **Edelinck.** La Musique, allégorie d'ap. *Coypel;* au fond, scène de théâtre. Ovale en travers, sans marge.

438 **Everdingen.** Paysage et Marine à l'eau-forte. 2 p., belles ép.

439 **Faber.** Animaux, Bestiaux, à l'eau-forte. 17 petites pièces.

440 **Flamen.** Pivoyne. — Le Chien et le Gibier (B. 16). 2 p., très-belles ép.

441 **Freudeberg** (D'ap.). Lison dormait, par *Thiere.* Belle ép., toute marge.

442 **Galerie Teniers.** Sujets religieux et autres de l'École italienne. 60 p.

443 **Garnier.** Tempérance, d'après Primatice (R. D. 64), ép. de sa collection. — Femme portant un panier sur le dos, par *De Frey.* 2 p.

444 **Gillot** (D'ap.). Scènes de la tragédie de Thésée. 3 p. par *Scatin,* belles.

445 **Grateloup.** Deux Têtes d'orientaux. — Trois petits Soldats, d'après *Callot.* 2 p. rares, toute marge.

446 **Guérard.** Les Parties du monde. 4 p. De la collection de *Bonnart.*

447 — Charles XII. — Ragolski. 2 p.

448 **Hasard.** Mᵐᵉ Hasard, par son mari mort d'une chute dans son service de volontaire anglais, dans la révolution de Bruxelles. Eau-forte rare, Collection Didot.

449 **Helman.** Fédération des Français, d'après *Monnet*. In-fol.

450 **Hollar.** Fables : l'Aigle et le Corbeau. — Mercure et le Bucheron. — L'Homme et le Serpent. — La Montagne qui accouche d'une souris, et autres. 6 p.

451 — Les Saisons : Femmes à mi-corps. 4 p., belles ép.

452 **Houdius.** André Rivet, 1631. Très-belle ép. De la collection Didot.

453 **Houbraken,** 1759. Le Baron de Bielfeld. In-4, très-belle ép.

454 **Huet.** Bergeries et petits Sujets d'animaux coloriés. 9 p.

455 — (D'ap.). Le Silence de Vénus, en couleur, par *Bonnet*. Belle ép.

456 **Ingouf** l'aîné. Zémire et Azor, scène théâtrale.

457 **Jacquard.** Jugement de Pâris, Ganimède, Phaëton, Enlèvement d'Hélène, etc. 5 p., très-belles.

458 **Kralinge.** Philis, cache beauté, et Garçon d'amour grotesque. Caricature dans un entourage.

459 **La Belle.** Le Vase de Médicis, La Belle le dessine.

460 — Fête à cheval du grand duc de Toscane, en 1637, avec les figures du cortége. Rare.

461 — Le Reposoir. Pièce capitale.

462 — Fêtes à cheval pour la noce royale, 1661. 2 p. in-fol.

463 — Montjoie Saint-Denis, hérault d'armes. Rare.

464 — Arc de Constantin, autre Vue de Rome, Paysage. 3 p.

465 **Lasne** (Michel). Hercule combattant l'Hydre.

466 **Lepautre**. Arc de triomphe du carrefour de la fontaine, à Saint-Gervais.

467 **Leu** (Th. de), excudit. La Vue. — Le Goût. — Le Toucher. 3 p. ovales équarris. In-4 en travers. Superbes.

468 **Loutherbourg**. Le Matin. — Le Midi. — Le Soir. — La Nuit. 4 marines. Belles ép.

469 **Mariette** (Chez). Empereur de la Chine. — Le Czar. 2 p.

470 **Marot**. Le Te Deum chanté à Notre-Dame. — Siége de Mastrich. 2 p. Très-belles ép.

471 **Masquelier**. Première Vue près de Bechin, en Bohême, d'ap. *Diétricy*, avant et avec la lettre. 2 p.

472 **Moncornet**. Célébrités diverses. 19 portraits, 2 lots.

473 **Moncornet** et autres. Paysages. 8 p.

474 **Noter** (De). Paysages à l'eau-forte. 9 p.

475 **Parr** (N.). Vue de la rotonde intérieur et exté-rieur du Ranelagh, Wauxhall. 3 p.

476 **Pièces curieuses**. Polichinel, Pantalon. — Jodelet. 2 p. Acteurs anciens en pied.

477 — Caricature sur Mme de Pompadour et Personnages du temps, à l'eau-forte. La désignation
des figures est manuscrite, extrêmement rare.

478 **Pièces historiques.** Entrée triomphale de
Henri IV dans la ville de ... Eau-forte du temps,
très-rare.

479 — Épithalame du roi Louis XV. — Chasse. —
Aux Mânes de Marie-Thérèse, etc. 4 p.

480 — Fête du Sacre, arrivée à l'Hotel-de-Ville de
l'Empereur. — Entrée solennelle de Charles X
après le sacre. Lithog. in-fol. par *Læillot.* 2 p.

481 **Pièces en couleur.** Mathieu Molé, par *Sergent*
— Cour du Louvre, par *Janinet.* — La Charité
romaine. — Coiffures de modes, 1814. 5 p.

482 **Piranesi** et autres, Colisée, Fragments d'architecture, Vues diverses. 22 p.

483 **Portraits** d'architectes, Vignole, Vignon. —
Peintres, Cignani, Salvator Rosa. 4 p. petit in-fol.

484 — Rob. Étienne, Guichardini, Martinelli, Dubois
par Frey, Vorstius par Pontius. 5 p. petit in-fol.

485 — Bernardin de Saint-Pierre, Louis XIII à
cheval et autres. 7 p.

486 — Guerriers cuirassés, en pieds, Charles-Quint,
Maximilien, etc. 13 p. in-fol.

487 — d'après Titien et autres. 18 p.

488 **Robert** (P. P. A.), pinx. et sculp. 1787. Verbum
caro factum est. Superbe ép.

489 **Roehn.** Scènes villageoises à l'eau-forte. 3 p.
superbes, toute marge.

490 **Roullet.** Les saintes Femmes au tombeau du
Christ, d'ap. *An. Carrache.*

491 **Rubens** (D'ap.). Saint Livinius, par *Spruyt*, avant et avec la lettre. 2 p., très-belles ép., toute marge.

492 **Schutz** (C.). Vierge, Jésus et saint Jean, eau-forte. Belle ép.

493 **Sujets historiques.** Anglais, Chars de Triomphe, et autres. 7 p.

494 **Thomassin.** Commandements de Dieu et de l'Église. Superbe ép.

495 **Tombeaux.** François Ier, Louis XII, la reine Élisabeth, différents Papes, etc. 45 p.

496 **Tombeaux.** Saule pleureur avec les profils de Louis XVI, Marie-Antoinette, etc., in-8 avant la lettre. — Autre, in-4. 2 p. superbes.

497 **Trouvain** (Chez). Les Parties du Monde. 4 p. superbes.

498 — Le roi d'Angleterre. — Le roi et la reine d'Espagne, et autre. 4 p.

499 **Vaillant** (J.). Paysages à l'eau-forte. 6 p. Très-belles ép.

500 **Verly.** La sainte Chandelle d'Arras démolie en 1791. In-4, toute marge, rare.

501 **Vernet** (Joseph). Les Pêcheurs. Eau-forte originale, toute marge.

502 **Vignettes** pour l'Histoire romaine, avec texte au bas. 29 p.

503 **Vue** de la Cathédrale d'Anvers. In-fol. en couleur, superbe.

504 **Watermel** fecit a Anvers. L'Ombre inique condamné par Minos, Eaque, Radamante. Pièce rare et curieuse.

3. 50 – 35 p. non cataloguées

ESTAMPES

1 505 **Wit** (L. de), Vues de Hollande en bistre. 5 p.

1 50 506 **Wyck** (Thomas). La Fileuse. Très-belle ép.

5 4 507 **Volume** contenant : Bega, K. Dujardin, Rembrandt et autres, 172 p. Beau recueil, reliure riche, fers dorés sur les plats, tranche dorée.

3 6 508 La Vita et Metamorfoseo d'Ovidio. Figures sur bois et entourages par le petit Bernard et Virgile Solis. Lion, Jean de Tornes, 1559. — Texte d'Ovide. — La Natura et effetti della luna, figures sur bois. Volume rare, vieille reliure.

2 3 509 Figure del Vecchio Testamento, etc. avec figures sur bois par le petit Bernard, Lion Jean de Tournes, 1554. Relié en vélin.

4 50 510 **Dante.** Poème, Comédie. Le Paradis, le Purgatoire, l'Enfer, traduit de l'italien. 3 vol. in-8. Paris, Treuttel et Wurtz. 1811, demi-rel., veau rouge.

4 0 511 **Helman.** Les Conquêtes de l'Empereur de la Chine avec leurs explications, Abrégé de l'histoire de Confucius, 25 planches et le texte gravé. Volume oblong in-fol., carton. Superbe exemplaire.

3 3 512 **Magny** (De). Le Livre d'or de la noblesse de France, en 3 volumes, armoiries sur bois, dans le texte et en chromo. Bel exemplaire relié en toile, fers dorés sur les plats, tranche dorée.

6 1 513 **Moithey** et autres. Les Actions célèbres des grands hommes de toutes les nations, avec notice biographique, 36 p. Vol. in-4, demi-rel.

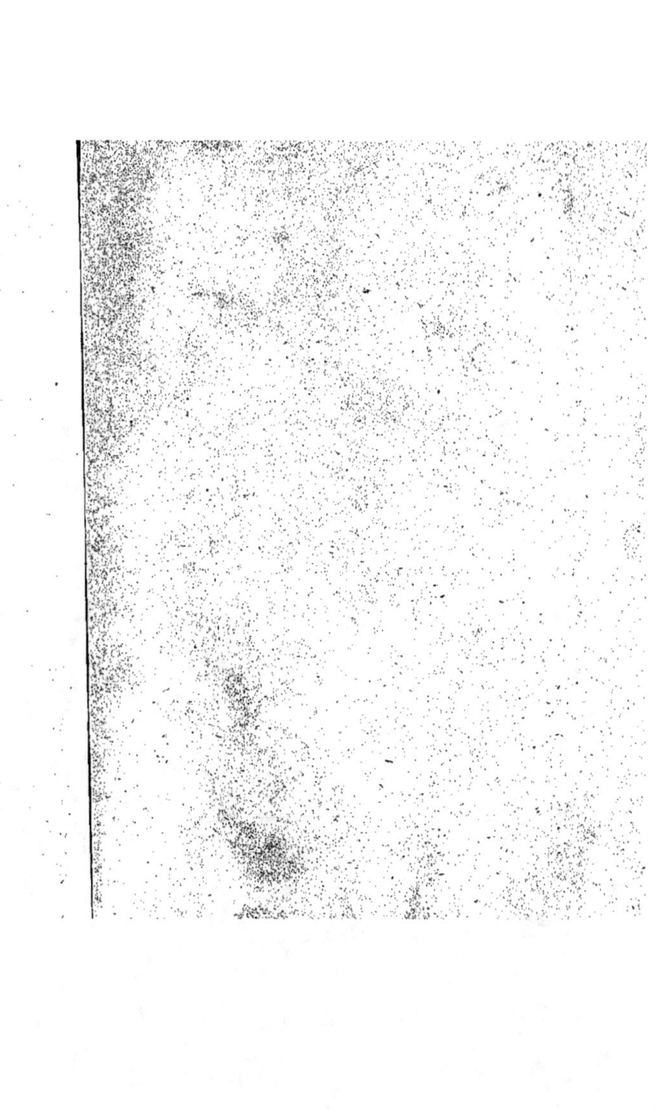

120 Catalogues off.	57		4,747	
10 Mains chemises	15			
Honoraires 10 %	452	90		
			506	90
75 affiches colombier et afficheur	45	50		
Insertions au Moniteur des ventes	22	40		
Déclaration de Vente	2	20		
Timbre du Procès verbal	3	60		
Enregistrement	117	25		
Versement en Bourse Commune	142	80		
Honoraires de Mᵉ Delestre	142	80		
Location de la Salle 3 jours	119	20		
Clerc et crieur	24			
800 Catalogues	312			
Commissionnaire et transport	21	10		
pour supplément de travail	21			
	1480	75		
Déduire 5 % des acquéreurs	226	45	1254	30
			3,274	70
Frais 27. 70				

www.ingramcontent.com/pod-product-compliance
Lightning Source LLC
LaVergne TN
LVHW020552060726
842525LV00004B/1419